锻炼脑力思维游戏

视觉想象

编著：王维浩

吉林科学技术出版社

前 言

　　玩，是少年儿童的天性。为了让少年儿童玩出乐趣，玩出新奇，玩出品位，玩出智慧，越玩越聪明，我们推出了"锻炼脑力思维游戏"系列图书。该系列图书共分八册，每册均以不同的内容为主题，编创了有趣的、异想天开的智力游戏题。游戏是伴随孩子成长的好伙伴，孩子会在游戏中开发大脑，收获知识。

　　本册《视觉想象》，是通过不同的画面和游戏启发孩子们的想象力。孩子们的想象力是一个可以无尽挖掘的创造力宝库。充满趣味的画面使孩子们在阅读的过程中不会感觉枯燥。在这本书中我们为孩子们准备了丰盛的视觉盛宴，让他们尽情地发挥想象力，仔细观察每张图画看看是否能看出另外一番景象呢？

　　"锻炼脑力思维游戏"系列图书，图文并茂，集知识性、娱乐性和可操作性于一体，既能把课堂上学到的知识运用到游戏当中，又能使课堂上学到的知识得到相应的延展，既为孩子们开启了玩兴不尽的趣味乐园，又送上了回味无穷的益智美餐。

问题

我养的 3 只鸽子飞进这群鱼中就不见了。真奇怪！请你帮我找出这 3 只鸽子吧！

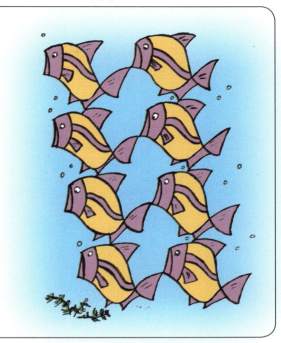

问题

这是一幅十分美丽的风景画，其中暗藏着 4 个字。你能看出来是哪 4 个字吗？

答案

看见了吗？鸽子就在鱼中藏着呢。

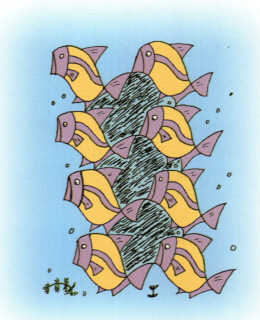

答案

山山水水。两个山，两个水。（倒影）

问题

这是大海翻滚的浪花，除了海浪、海鸥外，你还看见了什么？

问题

在这片森林里，你还能发现什么？

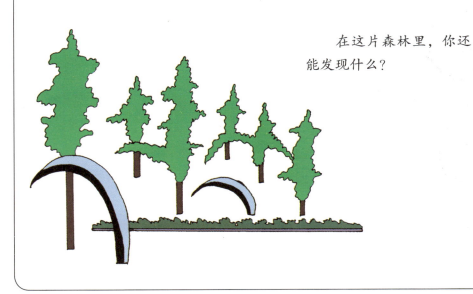

答案

把图倒过来，就能看见 3 只鹅。

答案

把图形顺时针旋转 90 度，有"在"和"生"两个字。

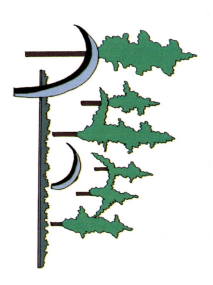

问题

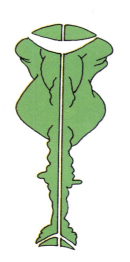

这个图形很奇怪，你能看出这个怪东西是什么吗？

问题

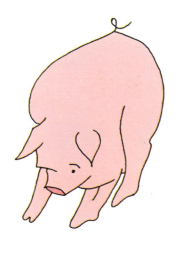

这头猪东跑西窜，不知是哪位农夫养的，你能找到这位农夫吗？让他赶紧把猪领回去吧。

这是一幅风景画，横过来看，就可以看出山、树和湖面上的倒影。

农夫就在图的左半部分！

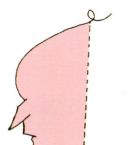

问题

图中的这个人十分忧伤，可快乐的人又在哪儿呢？你能把他找出来吗？

问题

这是一条鱼，正向右边游去。可我发现，一条与它形状一样，只是小一点的鱼向左边游去。你能把它找出来吗？

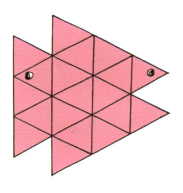

答案

只要将图颠倒过来，那个快乐的人就出现了！

答案

这下知道了吧！

这是谁把苹果核到处乱扔？请你把不讲文明的人都找出来。

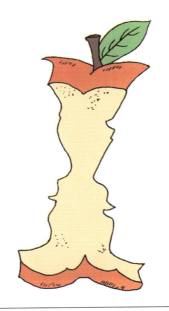

瞧，这位厨师拿来的蛋糕上少了一小块儿。厨师说他没有偷吃，可这块蛋糕究竟在哪儿呢？你能找出来吗？

答案

苹果核左右就
是那乱丢核的人。

答案

将图上下颠倒一下，缺的
那块小蛋糕不就找着了吗！

问题

右图是一枚棋子，那么下棋的人又在哪儿呢？请你把他们找出来。

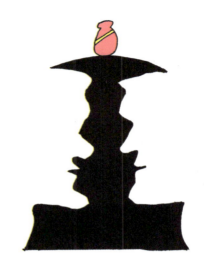

问题

这只蜜蜂被中间一条分隔线挡住了，采不到对面的花的花粉。你有什么办法让蜜蜂靠近花呢？可不能把中间的挡板抽走哦！

答案

看见了吗？下棋人就藏在棋子的两侧。

答案

将图形慢慢移近脸部，你就可以看到蜜蜂"飞"到花上去啦！

问题

大象波波有点儿伤心。你有什么办法让它高兴起来吗?

问题

瞧这病人多痛苦, 赶快帮他找一名护士吧!

答案

只需把图倒过来就行了。

把图倒过来不就行了嘛。

答案

问题

有一个逃犯藏在这片树林里，你能把他找出来吗？

问题

这位魔术师在表演魔术时丢了兔子，很是着急。请你赶快帮魔术师把兔子找回来吧！

视觉想象

答案

看见了吗？
逃犯就藏在两棵
树之间。

答案

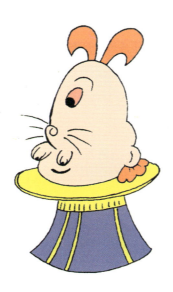

当然可以。将图上下颠倒，
就可以看到这只奇怪的兔子了。

问题

　　警长追赶一名逃犯，当他追到眼前这片林子里时，逃犯躲了起来，警长找了一会儿也没有找到。你快来帮警长把这名逃犯找出来吧！

问题

　　这是一扇门，要求你把它关上，但不能用手。想想看，你能有什么办法把它关上？

答案

把此图旋转180度，你就会看见藏着的逃犯了。

答案

将上页图案慢慢向脸部移动，当图案贴近眼睛时，木门就关上了。

问题

你一定看出来这河里有一条鱼，鱼的旁边有一条小船。不过河边还站着一只鸟，它想吃这条鱼呢。这只鸟在哪儿？

问题

这人在家排行老大，请你找出他的弟弟，并指出他弟弟是做什么的。

视觉想象

把图旋转 180 度，你就会看到那只大鸟了！

把图旋转 180 度，就能看到他的弟弟，他的弟弟是个水手。

问题

小明来到一座大山前，他要寻找一位叫群山老人的大爷，可他找了半天也没找到这位老人，那么你帮帮小明的忙吧！

问题

这个大胖子吃得太多了。他要是再继续吃下去会怎么样？

把图沿顺时针方向旋转90度，你就可以看到这位群山老人了。

看见了吧，他会变得像这个模样。

警长跟踪一名间谍。当他来到眼前这片树林时，间谍发现了他，并立即藏了起来。你能找出间谍吗？

这是一只精美的酒杯，可喝酒的人在哪儿呢？请你把他们找出来！

答案

把图倒过来你就会找到这名间谍。

答案

你看阴影部分就明白了！

问题

佳佳到山里去看望他的一位朋友，可这位朋友因为以前的一点小事不愿见他，便藏在了树林里。你能帮佳佳找到他的朋友吗？

问题

这是农夫波尔的马，可波尔又到哪儿去了呢？

答案

把图沿逆时针方向旋转90度，你就会找到佳佳的那位朋友。

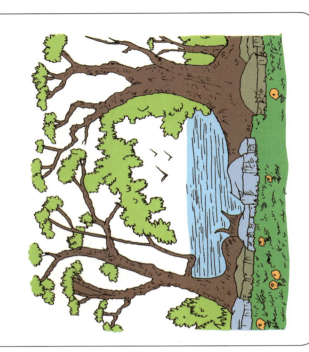

答案

把图颠倒过来,你就找到波尔了。

在这片森林里，有两个巨人正在寻找一个姑娘，你能把他们都找出来吗？

这只兔子逃脱的样子十分滑稽，惹得鸭子在一旁哈哈大笑。那么，你看见鸭子了吗？

答案

把图倒过来，你就会看见他们了。

答案

把图沿逆时针方向转90度，就会看见一只鸭子。

问题

这是一位骑士，他正拿着枪到处寻找他的对手，但都没有找到，你能找到吗？可千万别告诉他！

问题

这个人很伤心。跟他说个笑话让他笑一笑吧。但是想一想，也许会有更简单的办法。

把图倒过来，你就会发现骑士要寻找的对手了。

答案

把图倒过来，这人立即就笑了。

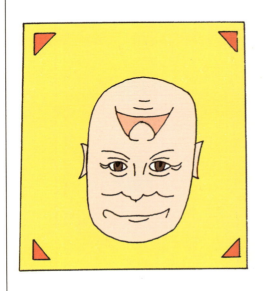

问题

这个孩子生了病不愿吃药，你用什么办法才能让这个孩子吃到药呢？

问题

请你仔细观察一下圆中的两个点，哪一个才是圆心？

视觉想象

将上页图案慢慢向脸部移动，当图案贴近眼睛时，妈妈就把药喂到了孩子的嘴里。

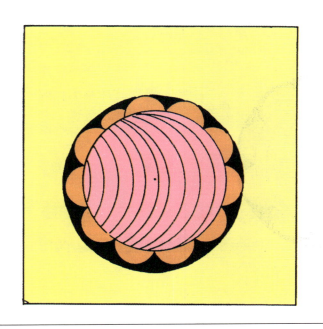

可以用圆规测一下，没有在线上的那点是圆心。尽管看起来另一个点更像，但这是我们的眼睛产生的一种错觉。

问题

看上去，这个图形有 4 个黄色的箭头。你还能发现其他东西吗？

问题

你能在这个图案中找出多少个字母？

答案

除了箭头外，还藏有一个
"]−[" 图形。

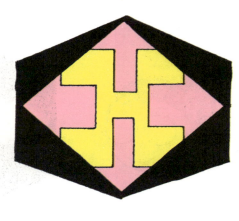

答案

6个字母：M、W、H、E、
G、O。你肯定没有注意到
环绕图形的 O 吧。

问题

请你观察一下，这两把勺子哪一把比较大？

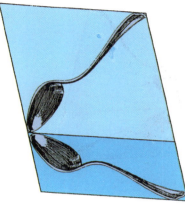

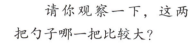问题

你仔细瞧瞧，圆圈中是不是4个正方形？

两把勺子是一样大的。

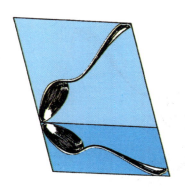

答案

是4个正方形。

问题

这是两顶护士帽，看起来哪一顶要更大一些？

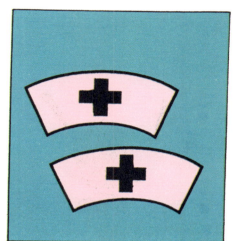

问题

这个图案由5条白色条纹和6条黑色条纹组成，你还能看出其他什么吗？请把它找出来。

一样大。

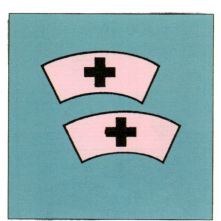

将眼睛眯成一条缝去看图吧，这里面是不是藏着一个字母"B"？

问题

请问，小圆点是在大圆圈的中心吗？

问题

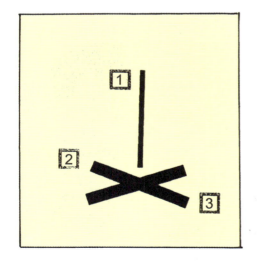

请你快速地说出线段1比线段2、3长还是短。

视觉想象

答案

是的。条纹使小圆点看起来离底部比较近，但其实它在中间。

答案

三条线段一样长。

图中有一只蜘蛛和一只蝴蝶，哪一只离直线比较近一点？

这两条线段哪一条长一点，上面的那条还是下面的那条？

蜘蛛和蝴蝶离直线的距离是一样的。

答案

是一样长的。

问题

这两只盒子哪个比较高，哪个比较宽？

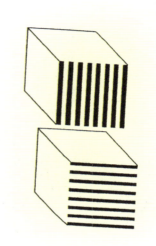

问题

大图中含有一个与其左下方图形相似的图形，你能把它找出来吗？

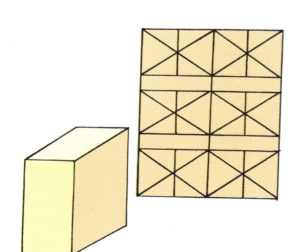

答案

一样大。

答案

这下知道了吧!

问题

请你仔细观察，在大图形中找出与其右上角图形相似的图形来。

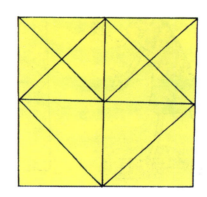

问题

这个图案中藏有一个字母，请你把它找出来，看看究竟是哪一个字母！

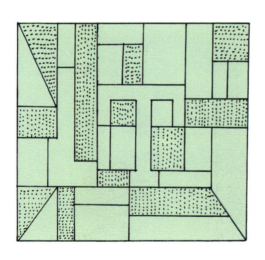

答案

这下知道了吧！

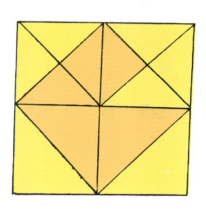

答案

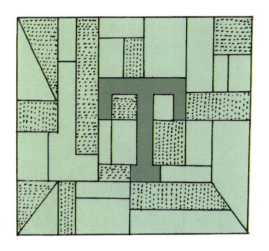

看清楚了吧，图案中藏有一个字母"T"。

问题

大图形中含有一个与其左上方图形相似的图形，请你把它找出来。

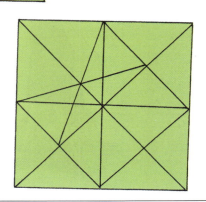

问题

请你仔细观察，大图形中含有一个与其右上角图形相似的图形，请你把它找出来。

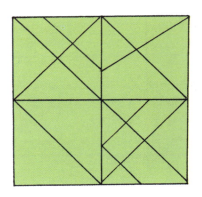

答案

这下知道了吧！

答案

这下知道了吧！

问题

请你仔细观察，大图形中含有一个与其右上角图形相似的图形，你能把它找出来吗？

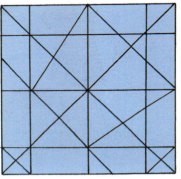

问题

这个图案中隐藏着一个花瓶，请你把它找出来。

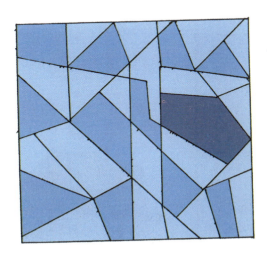

答案

这下知道了吧!

答案

这下看清楚了吧!

请你仔细观察，大图形中含有一个与其右上角图形相似的图形，请你把它找出来。

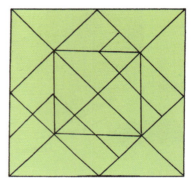

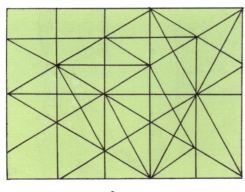

大图形中含有一个与其下方图形相似的图形，请你把它找出来。

问题

这个图案里藏有一条热带鱼，你看见了吗？请你在 60 秒内把它找出来。

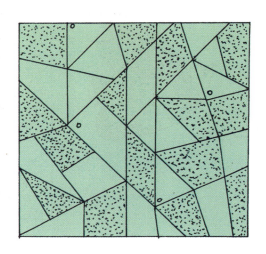

问题

大图形中含有一个与其下方图形相似的图形，请你把它找出来。

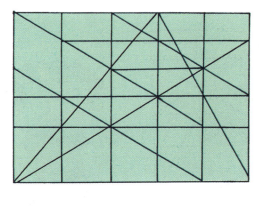

热带鱼就在这儿!

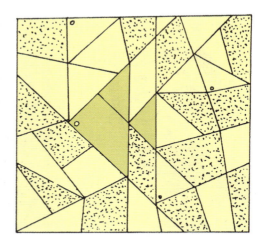

答案

这下知道了吧!

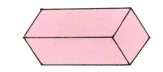

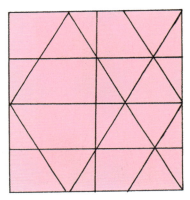

大图形中含有一个与其上方图形相似的图形，请你把它找出来。

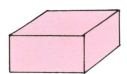

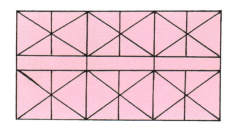

大图中含有一个与其上方图形相似的图形，你能把它找出来吗？

答案

这下知道了吧!

答案

这下知道了吧!

问题

　　下面的小图形是一个花瓶，它就藏在大图形中，你若能把它找出来，你就是一个聪明的孩子。加油吧！

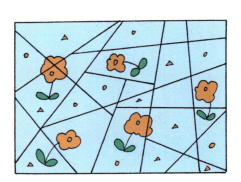

问题

　　请你仔细观察，把大图左下方的图形在大图形中找出来。你能行吗？

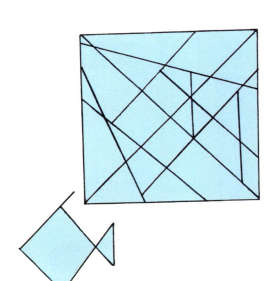

答案

看见了吧！花瓶就藏在那儿！

答案

这下知道了吧！

问题

这个图案中有一颗五角星,你能把它找出来吗?

问题

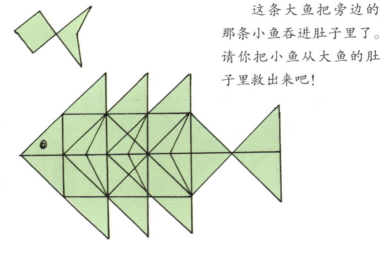

这条大鱼把旁边的那条小鱼吞进肚子里了。请你把小鱼从大鱼的肚子里救出来吧!

答案

这下知道了吧！

答案

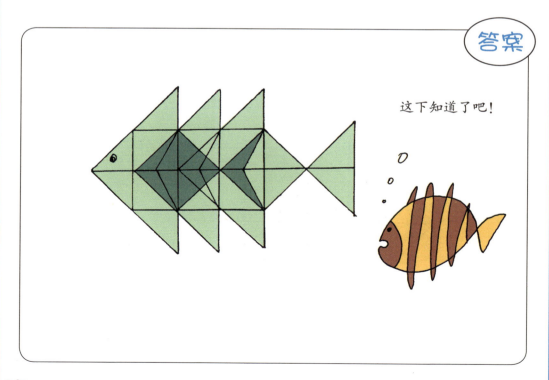

这下知道了吧！

问题

你能发挥想象力，说出这个图形画的是什么吗？这样东西可是你常见的哟！

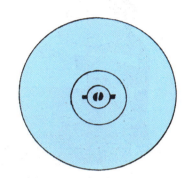

问题

这个图形有点儿特别，你能发挥想象力，说出它是什么吗？

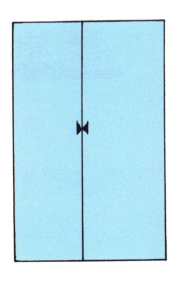

答案

我知道了，这是从底部看的白炽灯！

答案

一个人的领结被电梯门夹住了。

问题

请发挥你的想象力，说说
右图表示一个什么汉字。

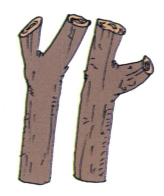

问题

请发挥你的想象力，
说说左面的图表示哪一个
汉字。

答案

两个"木"，当然是"林"字了。

答案

门里面有个"太阳"，那当然是"间"字了。

066

你能发挥想象力，说出这个图形画的是什么吗？不过我可以告诉你，它是一种粮食，是什么粮食，你自己想吧！

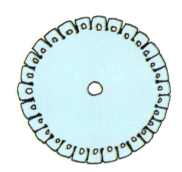

问题

你能想象出这是什么东西吗？

答案

这是被横着切断的玉米！

答案

从底部看的铅笔。

问题

请充分发挥你的想象力，说一说右图表示哪一个汉字。

问题

请发挥你的想象力，说一说左图表示哪一个汉字。

答案

两个木下有火,当然是"焚"字了。

答案

一个人坐在云上,
当然是"会"字了。

请大家
不要讲话,
现在开会啦!

请你运用对语言的理解与想象力，说一说下列图形中哪一个最符合"稳当"的词意。

A

如果地球人与外星人联系上了，地球上的什么东西可以出口到外星球上？请你大胆设想。

答案

图 B 最符合"稳当"的词意。

答案

1. 二氧化碳
2. 蚊子、苍蝇
3. 海水
4. 录音机
5. 小说
6. 画册
……

咱发财了!

再想一想,你还能出口什么?

问题

请你运用对语言的理解与想象力，指出下列图形中哪一幅最符合"表里如一"的词意。

1

2

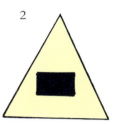

3

问题

你能想象得出这是什么吗？想得出多少想多少！

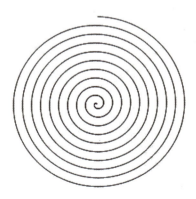

答案

图3最符合"表里如一"的词意。

答案

蚊香

蚊香、旋涡……

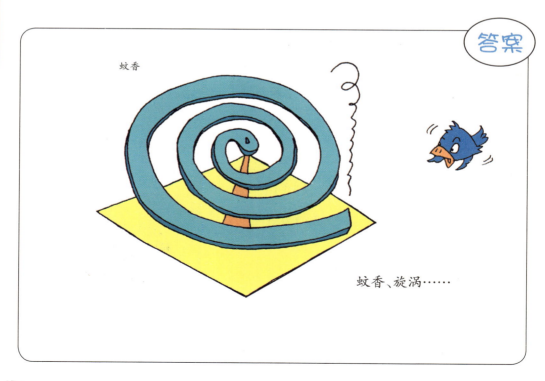

问题

请发挥你的想象力，说一说右图表示一个什么汉字。

问题

这头象想拔起这段木桩，你能想象得出它表示哪一个汉字吗？

答案

木的中间有一个洞，那当然是"束"字了。

答案

左边一个"木"，右边一个"象"，当然是"橡"字了。

请你想象一下，这是个什么样的东西？

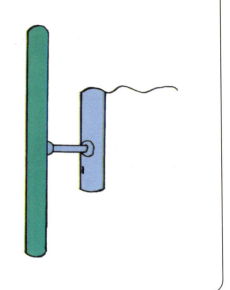

铅笔是你学习上不可缺少的工具。那么，你认为铅笔除了写字外，还能有什么用途？

答案

是从上往下看的台灯。

台灯

答案

铅笔的用途还真多！

1. 做成小木筏
2. 绕线
3. 当直尺
4. 搅和东西
......

问题

请你运用对语言的理解与想象，指出下列图形中哪一幅最符合"匀称"的词意。

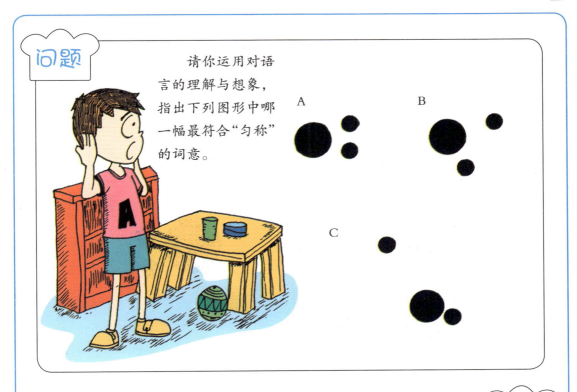

A　　　　B

C

问题

你能发挥想象力说出这个图形画的是什么吗？这件东西可是你经常用的。

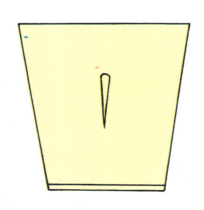

答案

图A最符合"匀称"的词意。

答案

这是一个无盖有把的茶杯。

请发挥你的想象力，说一说右图表示哪一个汉字。

请发挥你的想象力，说一说左图表示哪一个汉字。

一个女人牵着她的孩子，当然是"好"字了。

三个人，当然是"众"字了。

问题

如果这不是一块普通的玻璃，你能想到它的神奇之处吗？

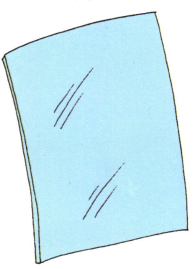

问题

你能发挥想象力，说出这个图形是什么吗？很多人家里都用啦！

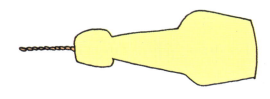

视觉想象

答案

我想到了两个，我猜你还会想出其他的来。

1. 任何脏物都沾不上去。
2. 不易碎
......

答案

这是个电话听筒。

喂……

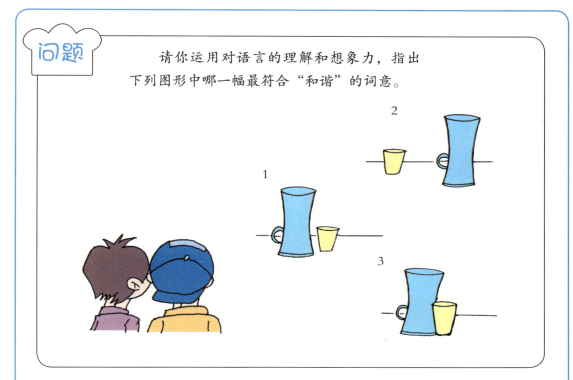

问题

请你运用对语言的理解和想象力，指出下列图形中哪一幅最符合"和谐"的词意。

问题

你能想象得出这个图形是什么东西吗？这个东西你可天天都在用。

答案

图3最符合"和谐"的词意。

答案

从底部看的碗。

问题

　　请发挥你的想象力，说一说右图表示哪一个汉字。

问题

　　请你发挥想象力，说一说左图表示哪一个汉字。

一个"日"，一个"月"，当然是"明"字了。

一个"狗"，一个"瓜"，当然是"狐"字了。

问题

这是你常见的回形针。那么你能说说它的用途吗？

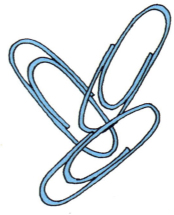

问题

请你想一想，这是个什么东西？这可是你每天都能遇上的。

视觉想象

你还能想出其他的吗?

1. 把文件或纸别在一起
2. 做发夹
3. 做鱼钩
4. 代替西装领带夹
5. 装饰服装
......

从侧面看带有拉手的门。

问题

请你发挥想象力，指出下边的脸谱中，哪一个最符合"痛苦"的词意。

问题

这是一个废弃了的空易拉罐，那么你还能用它做什么？

答案

图2最符合"痛苦"的词意。

答案

你想到了吗?

1. 做花瓶
2. 烟灰缸
3. 笔筒
4. 洗笔的水罐
5. 工艺花盆
......

问题

请你运用对语言的理解与想象力，指出右边的图形中哪一幅最符合"凌乱"的词意。

A

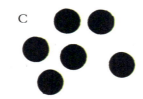

B

C

问题

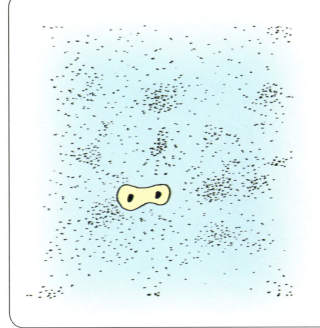

请你想象一下，这幅奇怪的图画的是什么呢？这可是你见过的哟！

答案

图C最符合"凌乱"的词意。

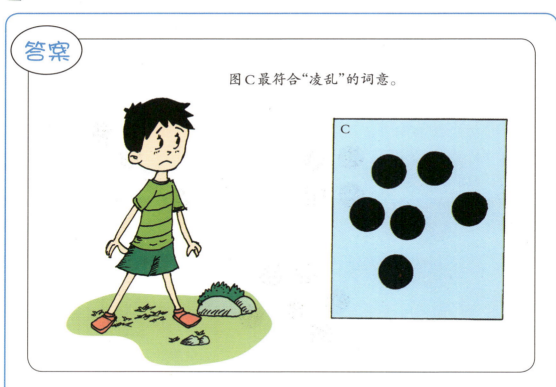

答案

这是一头猪从弥漫的雾中冒出鼻子来。

好大的雾！

问题

你能想象出这个图形是什么吗？在你家里就可能有哦！

问题

你能想象得出这个图形是什么吗？至少说出3种东西。

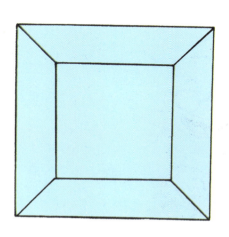

答案

这是一只从上往下看所看到的茶壶。

茶壶

答案

1. 积木
2. 底朝上的方斗
3. 方盘
4. 画框
5. 陷阱
……

我说出了5种!

问题

请你运用对语言的理解与想象力，指出下列图形中哪一幅最符合"统一"的词意。怎么样，快想吧！

A

B

C

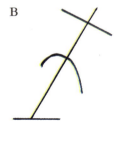

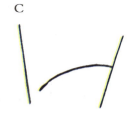

问题

图钉可以钉图片，想象一下它还有哪些用途。

 答案

应该是图B，它们相互连在一起。

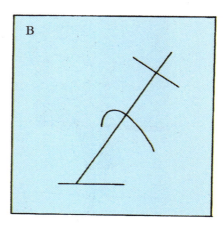

答案

我说出了这几种用途，你呢？

1. 在铅笔杆上钉一枚图钉，防止铅笔滚动
2. 做工艺画
3. 可做陀螺玩
……

耶！

问题

你能发挥想象力，说出这个图是一个什么常用物品吗？

问题

书包是用来放书和文具用品的。你能设计出更理想的书包来吗？

视觉想象

从侧面看的一只手表。

书包可以增加以下功能：

1. 能随意收缩
2. 带有警报器
3. 附有遮阳伞
4. 能防火防水
5. 可充气当救生衣
……

你还能想出其他的吗？

问题

　　请发挥你的想象力，说一说右图表示哪一个汉字。

问题

　　请发挥你的想象力，说一说左图表示哪一个汉字。

视觉想象

一条"鱼"，一只"羊"，当然是"鲜"字了。

一个"月亮"一颗"星星"，当然就是"腥"字了！

问题

你能发挥想象力，说出这幅图画的是我们日常生活中的什么用具吗？

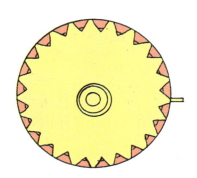

问题

自行车是你见惯了的交通工具，你认为还有没有可改进的地方，你能提出几种方案来？

从底部看的镂花铁壳热水瓶。

铁壳热水瓶

答案

1. 设计一个雨天用的圆形罩子
2. 车胎注入胶合剂，一旦爆胎，会自动愈合
3. 踏脚板装上一个打气筒，用脚踩即可打气

这是我的几个改进方案。

问题

你能发挥想象力，说出这幅图画的是我们日常生活中的什么东西吗？

问题

你能发挥想象力，说出这幅图画的是我们日常生活中的什么东西吗？

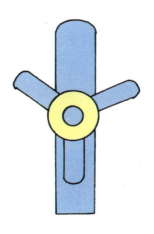 

答案

从上往下看的菜刀。

答案

从上往下看的水龙头。

问题

你能发挥想象力，说出这幅图画的是生活中的什么东西吗？

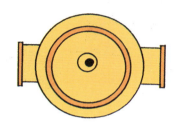

问题

这幅图有点奇怪，你能想象出它画的是什么吗？

答案

这是从上往下看的铝锅。

答案

这是从上往下看，一个戴着帽子正在抽烟的人。

问题

你有办法把铁环与钥匙分离开来吗？当然，不能剪断绳索。

问题

这个水壶与一个铁环连上了。你有什么办法，在不借助任何帮助的情况下，把水壶与铁环分开吗？

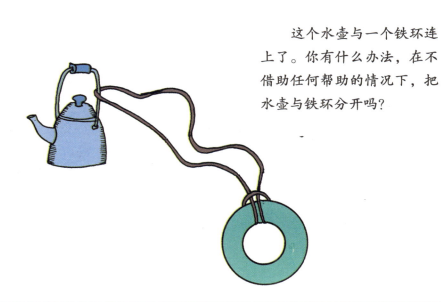

答案

扩大铁环上的绳结，穿过铁环右孔，套过钥匙，退回即可。

答案

将铁环上的绳结扩大，反套过铁环本身，退回即可。

问题

看，这儿有个铁环，你能将铁环拿走吗？当然，你不能剪断绳索，也不能砸烂栅栏。好好动动你的脑筋吧！

问题

这个铁环和钥匙连接着，在不剪断绳索的前提下，你有什么办法把铁环与钥匙完整地分开？

答案

1. 把系在栅栏上的绳活套拉开扩大。

2. 整个铁环从扩大了的绳结套过即可。

答案

用钥匙上的绳索穿过铁环右边的小孔，套过铁球，退回即可。

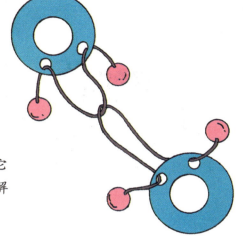

视觉想象

这两个铁环用绳索连着，看上去十分简单，但要解开它们，就不那么容易了。如何解开呢？开动你的脑筋吧！

请你把这把钥匙取下来，能办到吗？当然，不能剪断绳索。

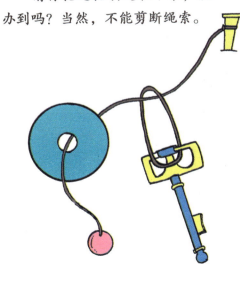

113

把中间的结穿过对方铁环上的任一小孔，套过铁球退回，就可解开。

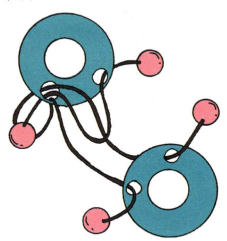

答案

1　2

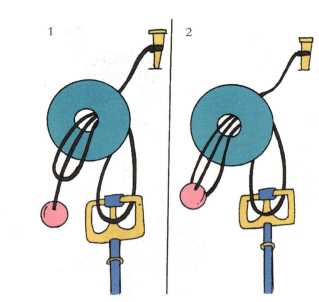

用钥匙上的绳索穿过大铁环中心的孔，将绳索套过小铁球退回就 OK 啦！

你能把钥匙从铁环上取下来吗？
当然，不能剪断绳索。

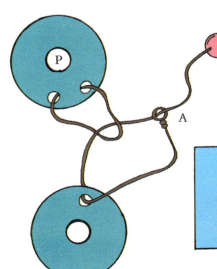

你有办法不剪断绳索就
将这两个相连的铁环分开吗？

答案

用钥匙上的绳索穿过P孔,套过小铁球,退回即可解下钥匙。

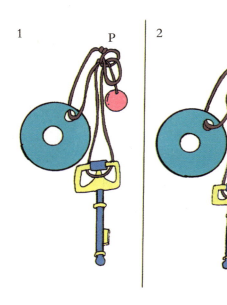

1

2

答案

把P环上的绳索穿过A孔,套过铁球,退回即可。

你有办法把这把钥匙从水桶上取下来吗？当然，不能剪断绳索。

铁球无法通过木桩上的两个小孔。请你不借助其他任何东西，把铁球与钥匙分开，你能办到吗？

答案

扩大钥匙上的绳结，穿过钥匙右孔，套过水桶，退回即可取下钥匙。

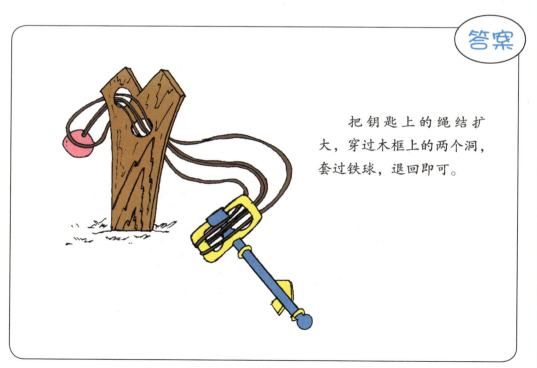

答案

把钥匙上的绳结扩大，穿过木框上的两个洞，套过铁球，退回即可。

这把钥匙这样被连着，你有什么办法在不剪断绳索的情况下，把钥匙从铁环上取下来？

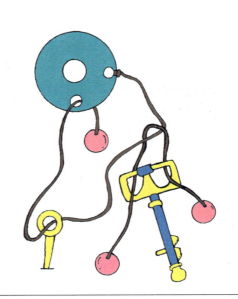

你能将这把钥匙与这个铁环分开吗？当然，不能剪断绳索。

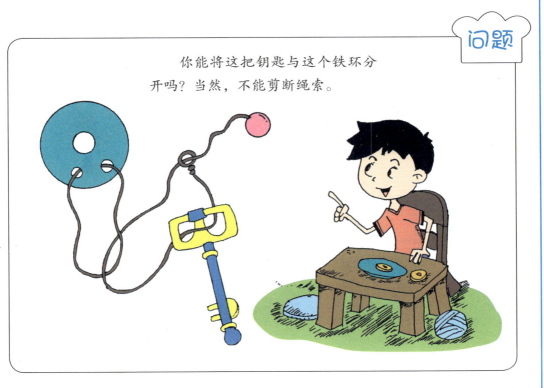

视觉想象

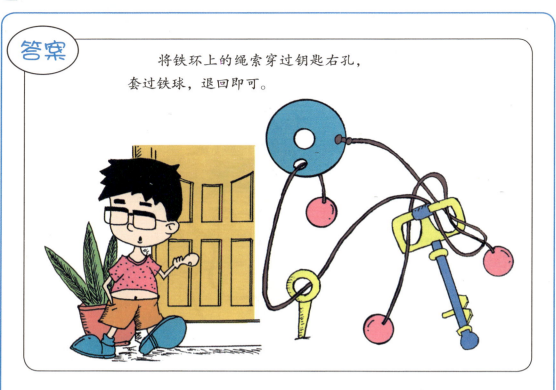

答案

将铁环上的绳索穿过钥匙右孔，
套过铁球，退回即可。

答案

用铁环上的绳索穿过P孔，
套过铁球，退回即可。

问题

A 与 B 是两个铁环，你能将这个两个铁环分开吗？请你千万要保持绳子的完好无损。

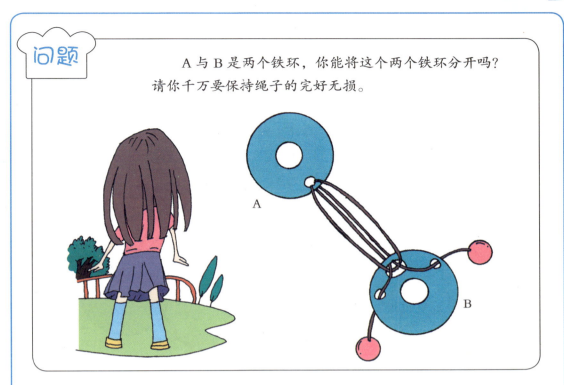

问题

请你在不取走两端的铁环，也不剪断绳索的前提下，将中间的钥匙取出来。你能办到吗？

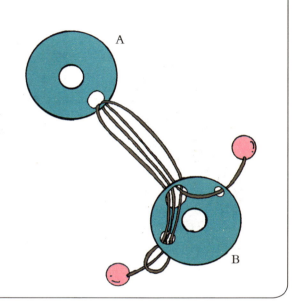

首先将 A 环上的绳结穿过 B 环上的左侧小孔，套过小铁球从套中返回，然后再穿过 B 环上的右侧小孔，套过小铁球，退回即可。

这样就行了！

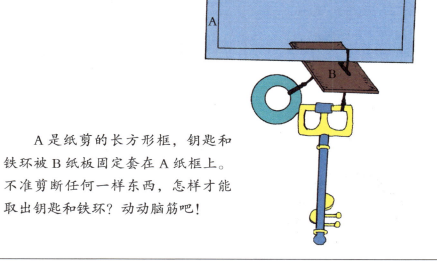

A 是纸剪的长方形框，钥匙和铁环被 B 纸板固定套在 A 纸框上。不准剪断任何一样东西，怎样才能取出钥匙和铁环？动动脑筋吧！

两个大铁环 A 和 B，被绳索连着，你能把它们分开而又保持绳索完好无损吗？

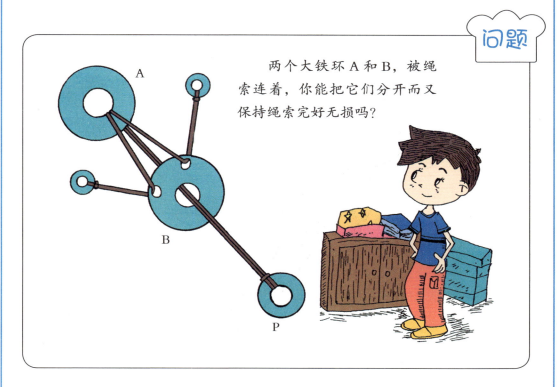

答案

先把 A 纸框对折，把 B 纸框穿到 A 纸框边上，向右移到端点，就可把钥匙和铁环取出来。

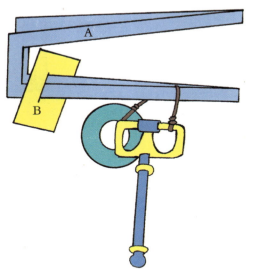

答案

扩大 P 环上的活套，穿过 B 环的中孔、A 环的中孔，再穿过 B 环左边的小孔，套过小环，然后退回，再用同样的方法解开右边一侧的小环，这样 A 环与 B 环就可以分开了。

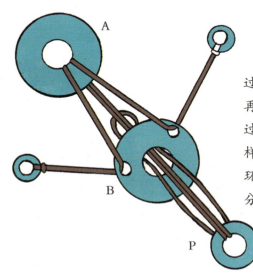

问题

这把钥匙与一个铁环连着，你有什么办法能让它们分开？不准剪断绳索哦！

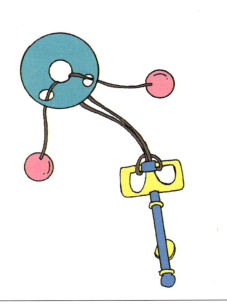

问题

不借助任何东西，你能将这两个铁环分开吗？试试吧！

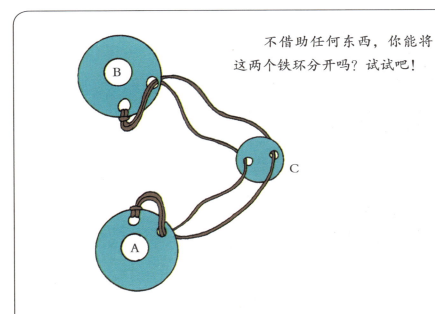

扩大钥匙上的绳结，穿过铁环大孔，穿过右边小孔，套过铁球，退回。再用此法套过另一边的铁球，退回即可。

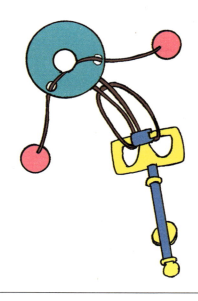

将 A 环左边小孔的活结扩大，穿过右边的小孔，再反套过 B、C 环，然后退回右、左两孔，就可把 A、B 环分开。

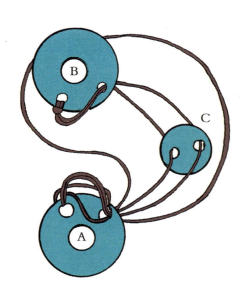

问题

铁环与路标牌连在一起了，在不借助任何工具的前提下，你有办法将它们分开吗？

问题

有两个纽扣拴在一条绳索的两端，绳索又被一个纸环套住了。你能不解开绳索也不损坏纸环，把纽扣和绳子从纸环上取下来吗？

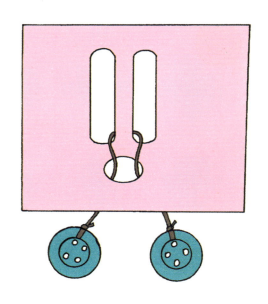

答案

将铁环的绳套穿过路标牌柱上的小孔，套过铁球，退回即可。

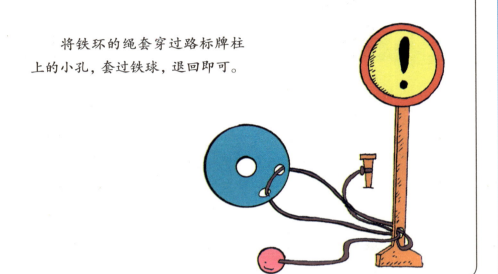

答案

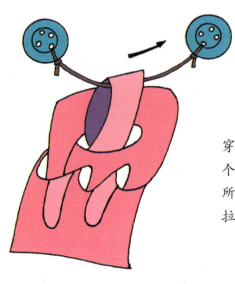

将纸环的中间部分提起，穿过纸环上的圆孔。这时，整个纸环与纽扣的关系如左图所示，这时再将纽扣从纸孔中拉出即可。

这把钥匙与一个铁环套在一起了，你有办法解开它吗？铁环可是被铁钉固定在地上的哟！

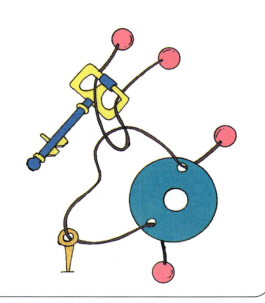

这个小推车与一个铁环连在了一起，你能不借助任何工具，把铁环与小推车分开吗？

答案

用钥匙上的绳索穿过铁环右侧小孔，套过铁球，退回即可。

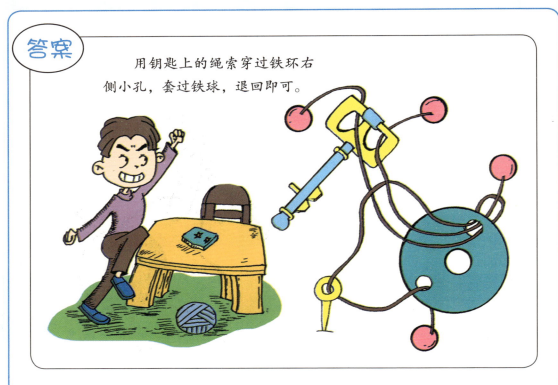

答案

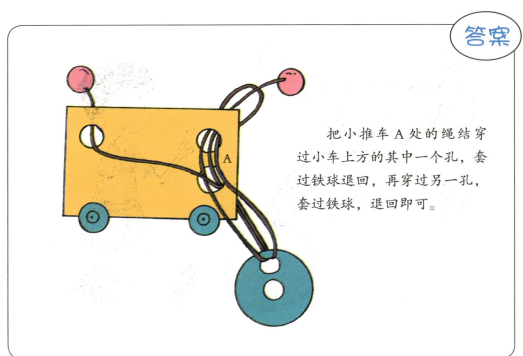

把小推车 A 处的绳结穿过小车上方的其中一个孔，套过铁球退回，再穿过另一孔，套过铁球，退回即可。

两个大铁球被套有4个小环和4个铁球的绳索连在一起了。不能剪断绳索，限你两分钟内把它们解开！

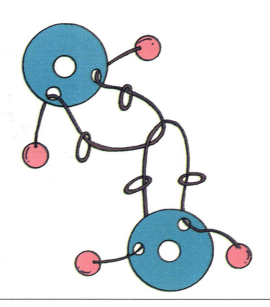

这个架子与一个地上的铁环连着，你有办法把它们分开吗？

答案

将中间的绳结穿过左上方的小环与大铁环上的孔，套过铁球，退回即可。

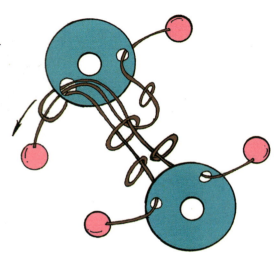

答案

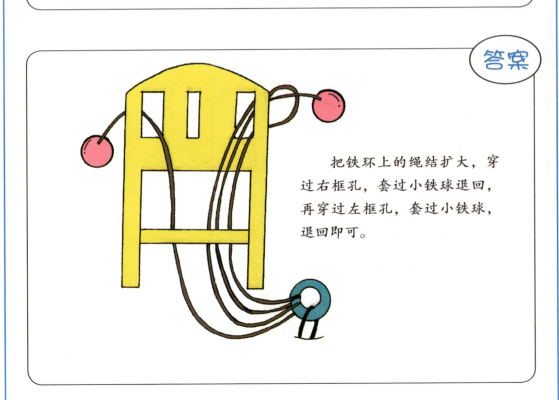

把铁环上的绳结扩大，穿过右框孔，套过小铁球退回，再穿过左框孔，套过小铁球，退回即可。

问题

这是用细铁丝做的一个十字框，两端各连着一条绳子。绳子末端各系着一枚纽扣，绳子上面有一把不能通过纽扣的钥匙。在不解开绳索的前提下，你能取下钥匙吗？

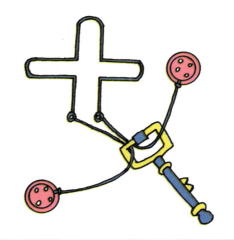

问题

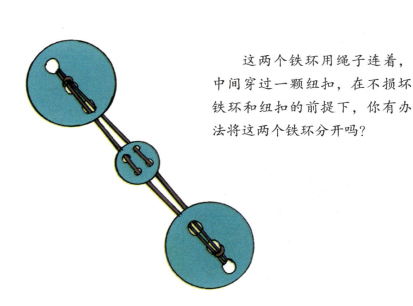

这两个铁环用绳子连着，中间穿过一颗纽扣，在不损坏铁环和纽扣的前提下，你有办法将这两个铁环分开吗？

答案

将铁丝的一头顺着绳子退回钥匙孔，绕一圈后，钥匙便能取出，不信你试试。

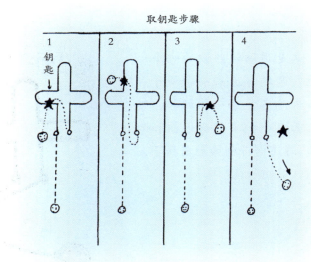

答案

把一个铁环的绳结扩大穿过本环的另一个孔，并使纽扣及另一个铁环从中穿过，两个铁环就分开了。

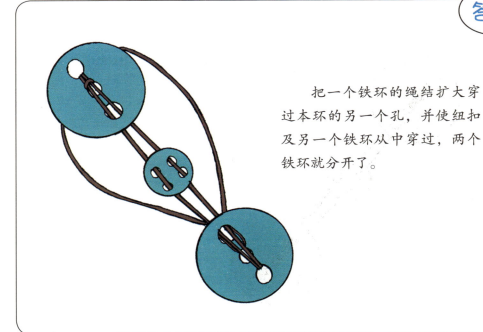

这个提包这样被固定在地上，你能将这个提包取下来吗？当然不能剪断绳索，否则判无效！

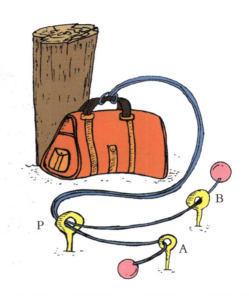

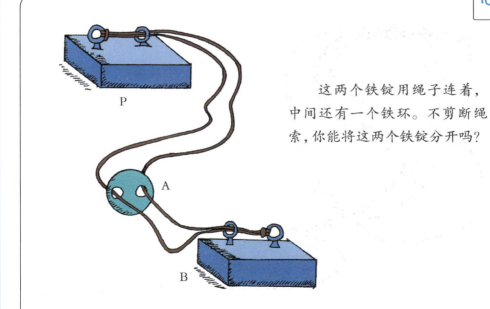

这两个铁锭用绳子连着，中间还有一个铁环。不剪断绳索，你能将这两个铁锭分开吗？

答案

扩大提包的绳结，穿过 P 孔，再穿过 A 孔，套过铁球退回，再穿过 B 孔，套过铁球，退回即可。

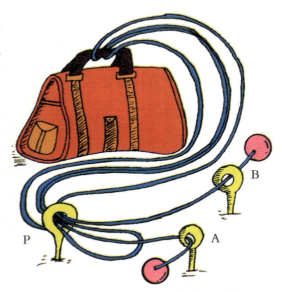

答案

把 P 铁锭左环上的绳结拉开穿过右环，套过铁环 A 和铁锭 B，退回即可。

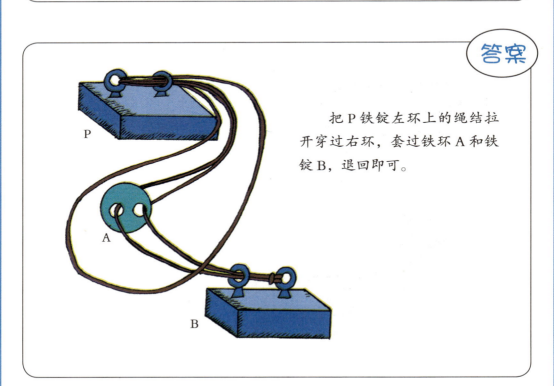

问题

这把钥匙与铁环这样相互连着，你有办法让它们分开吗？试试吧！

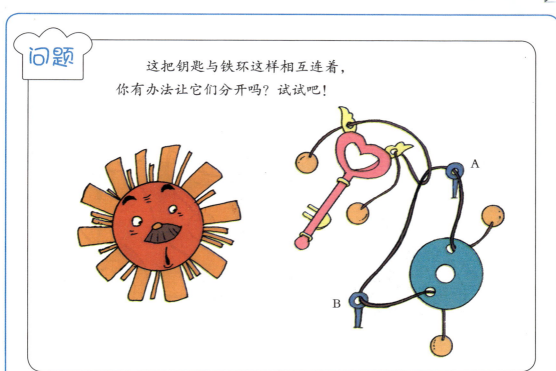

问题

这个头像被拴上了两个铁环，请你想想办法，把两个铁环从头像上解开。你能行吗？

答案

将钥匙上的绳拉过 A 环上的孔，再穿过铁环右边的小孔，套过铁球，退回即可。

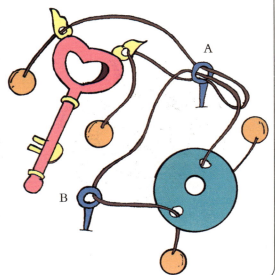

答案

扩大头像上小环的绳结，穿过 1 环中孔、2 环中孔，再穿过 1 环边孔，套过小环，退回；同样的办法解开另一侧的小环，两个铁环就可以分开了。

问题

你有什么办法把铁环与灯柱分开呢? 当然你不能剪断绳索。

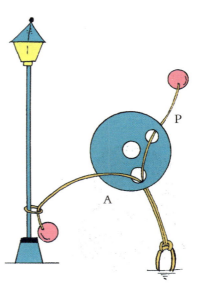

问题

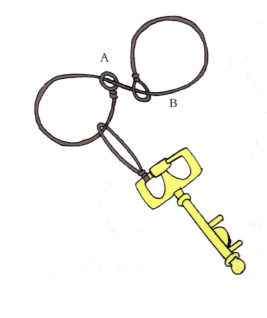

你能将钥匙从这个"8"字形的绳索中取出来吗?

答案

扩大地上固定铁环的绳结，穿过 A 孔，再穿过 P 孔，套过铁球退回，再穿过灯柱上的小环，套过铁球，退回即可。

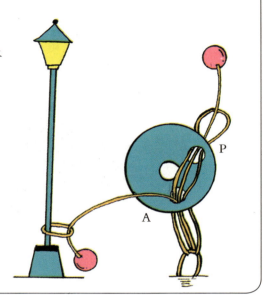

答案

将钥匙的绳套向左移动，从 A 孔中穿出。然后再使绳套越过上面的圆环，拉回绳套，即可取出钥匙。

问题

这架飞机挂着一枚导弹，十分危险，请你赶快想办法把它们分开吧。越快越好！

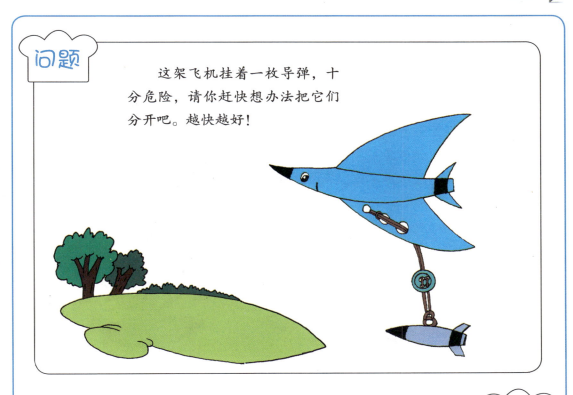

问题

骷髅头和兔头被两个铁环拴住了，你能使骷髅头和兔头与铁环分开吗？当然不能剪断绳子。

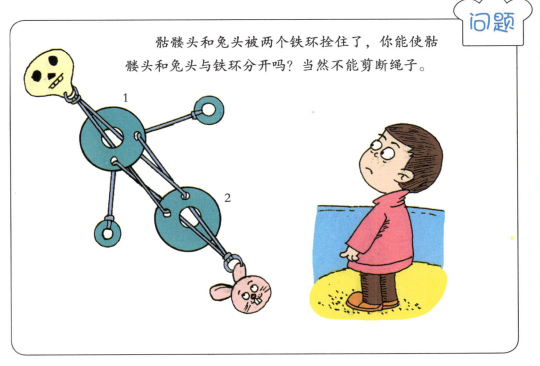

视觉想象

把机翼上的绳结扩大，穿过机翼下方的另一孔，并使纽扣及导弹从中穿过，飞机和导弹就分开了。

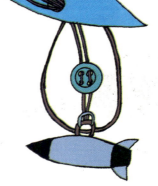

答案

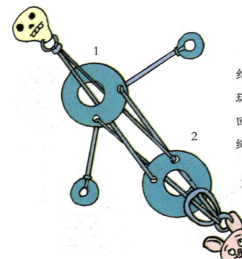

先扩大兔头耳朵上的绳结，穿过2环中孔，再穿过1环的左孔，套过绳端小环退回，再穿过右孔，套过另一绳端小环，退回即可。

142

问题

这三个铁环被三条带有铁球的绳索连在了一起。要分开它们，看起来十分复杂，但只要动一动脑筋，你也可以不剪断绳索就把它们分开！

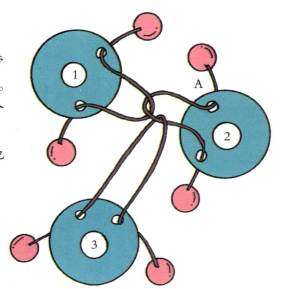

问题

这个铁环被这样连着，你能在不剪断绳索的情况下，把铁环取走吗？

答案

先用 1 号铁环的绳索穿过 2 号铁环上的 A 孔，套过小铁球，退回。这样可解下 1 号铁环。再用同样的方法把 2 号铁环与 3 号铁环分开。

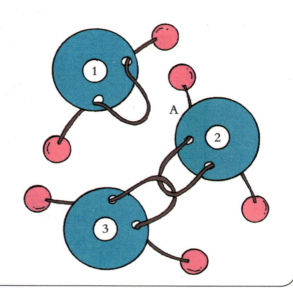

答案

只需把上面的绳结扩大，套过铁环就行了。

问题

这把钥匙被吊在这个固定的铁环上，你能把钥匙取下来吗？当然不能剪断绳索和弄坏钥匙。别以为它简单，可得费点脑子哟！

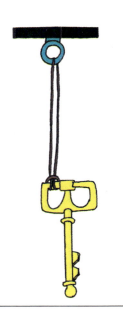

问题

你能解下拴在头像下的两个铁环吗？当然，不能剪断绳索！

答案

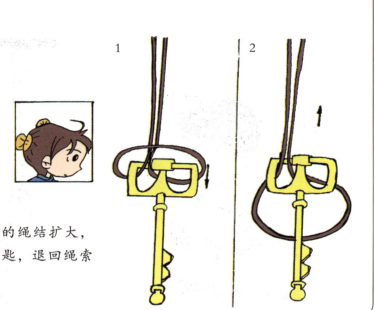

把钥匙上的绳结扩大，然后反套过钥匙，退回绳索即可解开。

答案

这很简单，只需把头像中的小环上的活套扩大，反套过头像，将绳索拉出即可。

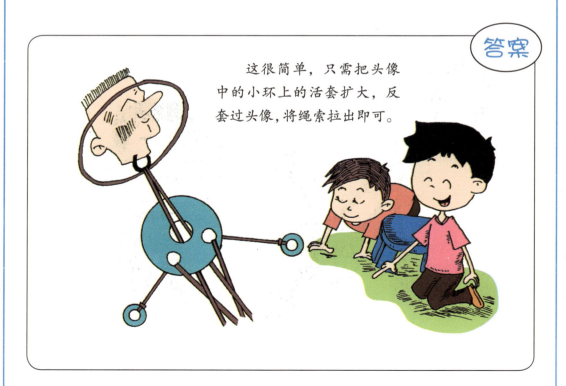

问题

这4个铁环，被尾端带有铁球的4条绳索连上了，你有办法解开它们吗？当然不能剪断绳索。

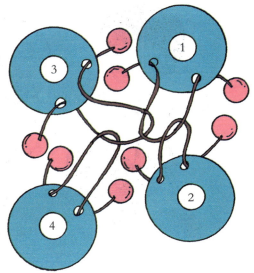

问题

这两个头像与大铁环都被连在了绳索上，绳索的一头系在一个铁环上。你能在不解开绳索的前提下，将它们彼此分开吗？

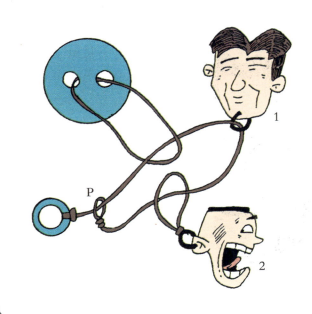

147

解法同 144 页，先解开 2 号、再解开 1 号，最后解开 3、4 号。

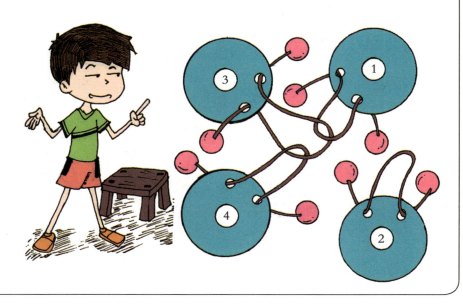

答案

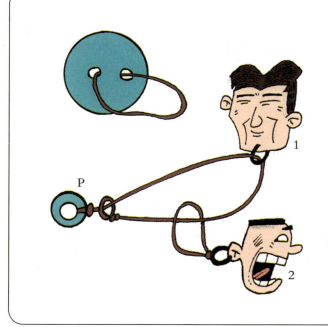

先用大铁环绳索穿过 P 孔，套过小铁环退回，取下大铁环。再用头像 2 的绳索穿过头像 1 的小环，穿过 P 孔，套过小铁环退回，即可取下头像 2，这样，它们彼此就分开了。

这把钥匙被穿在马蹄铁和一个铁环内。如果不拆开铁环和马蹄铁的连接头，你能把钥匙取下来吗？试试吧！

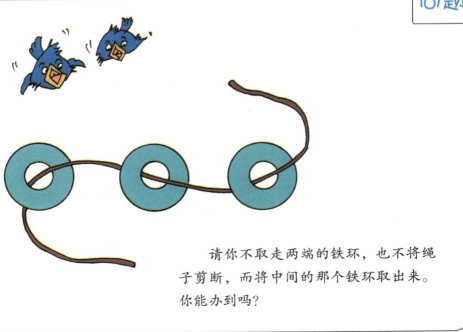

请你不取走两端的铁环，也不将绳子剪断，而将中间的那个铁环取出来。你能办到吗？

视觉想象

用马蹄铁套过钥匙即可取下钥匙。

见下图。

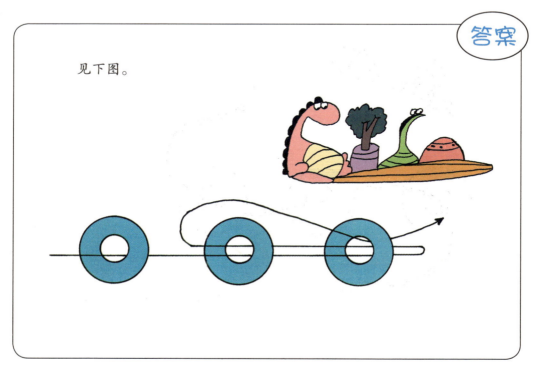

问题

这是一个绳索做成的"8"字形环，环上套有一个绳套，你能不剪断绳索而把这个绳套取下来吗？

问题

这是一根透明的塑料软管，里面装了9个球，你能在不切断塑料软管也不取出绿球的前提下，直接取出黑球吗？

答案

这个"8"字形环看上去十分简单，但要取出上面的绳套至今无人能办到，这是留给小读者自己去解决的问题。如果你真的解出了，请快快来信告诉我们。

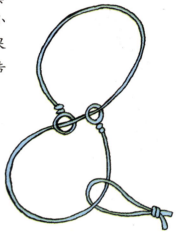

答案

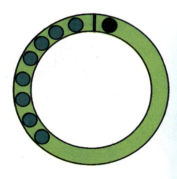

先将塑料软管弯曲，使软管的两端对接，调整成圆形，晃动软管，让4个绿球滚进另一端，然后把两端分开，便可取出黑球。

问题

这是用铁丝做成的框架，中间是一个圆环，请你在不损坏任何部位的情况下，取出圆环。你能做到吗？

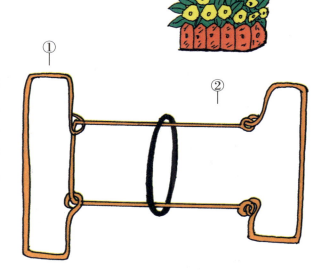

问题

请你将手柄从铁架上取出来，能行吗？

答案

把圆环向右移，把①移到②下缘的一侧上，再将①向上翻，圆环向左移，即可取出。

答案

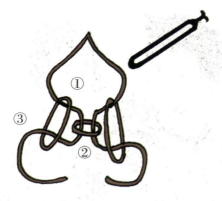

这下行了！

将手柄穿过①和②，套过③拉回，再穿过①，套过③后拉回，手柄即可取出。

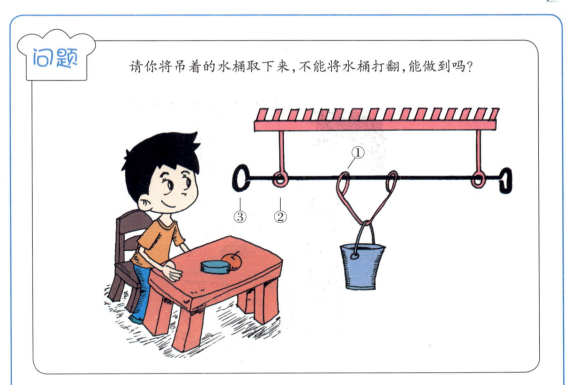

请你将吊着的水桶取下来,不能将水桶打翻,能做到吗?

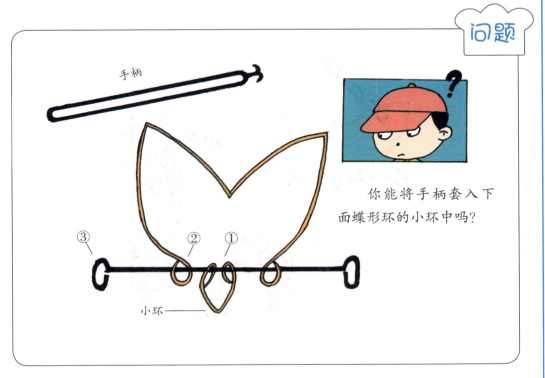

手柄

你能将手柄套入下面蝶形环的小环中吗?

小环

将1穿入2，套过3拉回，即可将水桶取下。

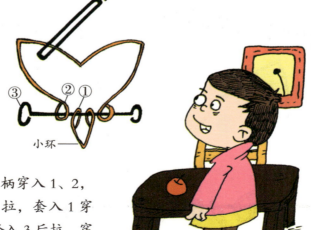

小环——

将手柄穿入1、2，套过3后拉，套入1穿进1、2套入3后拉，穿入2套入3后拉，手柄即可进入小环。

请你想一想，怎样才能将小环取下来？

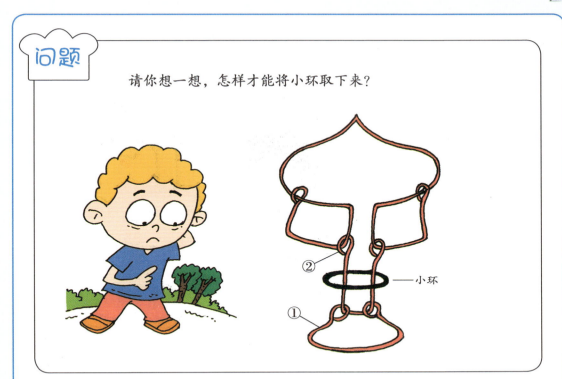

请你将左右两个铁环取下来。

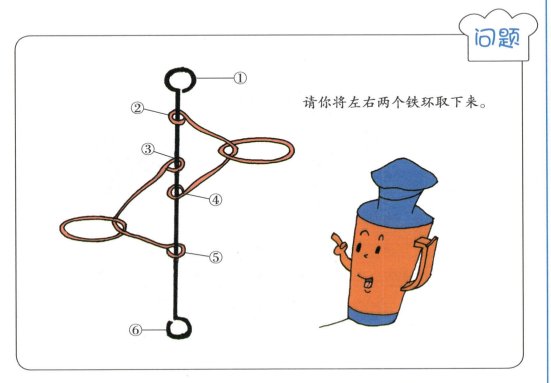

答案

将小环沿2上
移，再将1沿2一
侧上移，折向对面，
即可取出小环。

答案

将2向上移，套过
1即可取出右环；用同
样的方法可取出左环。

图书在版编目（CIP）数据

视觉想象 / 王维浩编著. -- 长春 : 吉林科学技术出版社, 2017.7
（锻炼脑力思维游戏）
ISBN 978-7-5578-1918-7

Ⅰ. ①视… Ⅱ. ①王… Ⅲ. ①智力游戏－少儿读物Ⅳ. ①G898.2

中国版本图书馆CIP数据核字（2017）第052352号

锻炼脑力思维游戏：视觉想象
DUANLIAN NAOLI SIWEI YOUXI ： SHIJUE XIANGXIANG

编　　著	王维浩
编　　委	牛东升　李青凤　王宪名　杨　伟　石玉林　樊淑民
	张进彬　谢铭超　王　娟　石艳婷　李　军　张　伟
出 版 人	宛　霞
责任编辑	吕东伦　高千卉
封面设计	长春美印图文设计有限公司
制　　版	长春美印图文设计有限公司
插图设计	刘　俏　杨　丹　李　青　高　杰　高　坤
开　　本	710mm×1000mm　1/16
字　　数	100千字
印　　张	10
版　　次	2017年7月第1版
印　　次	2020年12月第3次印刷

出　　版	吉林科学技术出版社
发　　行	吉林科学技术出版社
地　　址	长春市福祉大路5788号出版集团A座
邮　　编	130118
发行部电话／传真	0431－81629529　81629530　81629531
	81629532　81629533　81629534
储运部电话	0431－86059116
编辑部电话	0431－81629516
印　　刷	永清县晔盛亚胶印有限公司

书　　号　ISBN 978-7-5578-1918-7-02
定　　价　32.00元
如有印装质量问题可寄出版社调换
版权所有　翻印必究　举报电话：0431-81629506